UNE
SOLUTION URGENTE

OU

RÉPONSE

AU

RAPPORT D'ENQUÊTE SUR LES CLASSES OUVRIÈRES

EN FRANCE

PAR

Pⁱⁿ SARRUT

SECRÉTAIRE DU COMITÉ RÉPUBLICAIN PARISIEN DE LOIR-ET-CHER

« Ce n'est pas avec de l'esprit
« qu'on gouverne les peuples,
« mais avec de la franchise. »
LABOULAYE.

« Partout où la conciliation est
« menacée, j'accours pour la dé-
« fendre. »   GAMBETTA.

Prix : 25 centimes.

PARIS

DÉPOT CENTRAL DES ÉDITEURS

72, BOULEVARD HAUSSMANN ET RUE DU HAVRE

1876

AVANT-PROPOS

Trois verdicts successifs, et bien différents dans leur essence, viennent de donner à la République la majorité dans les deux Parlements, et de détruire ainsi les espérances diverses et les appréhensions qui s'attachaient à la clause de révision contenue dans la Constitution. On peut inférer de ce fait que la République est fondée en France.

Et si nous cherchons en vertu de quel sentiment vient de s'accomplir ce grand acte, nous trouverons que c'est au nom de la *conciliation*.

Nous avons donc *la République conciliatrice!* c'est-à-dire celle qui veut marcher dans la voie du progrès et des réformes, appuyée sur la raison et sur l'équité.

Dans ces conditions, il est permis de dire de ces trois verdicts, qu'ils constituent UN PACTE DE JUSTICE, conclu par la démocratie, sous l'égide de la République, en vue du relèvement de la France et du plus grand bien de tous.

Cette République signifie donc : Guerre à outrance à l'arbitraire et aux abus de toute espèce, ainsi qu'à toutes les causes de misères imméritées, d'où naissent la plupart de ces plaies sociales dont les souffrances causent notre instabilité nationale! Elle signifie encore : Apaisement des esprits par l'emploi de cette panacée gouvernementale, LA JUSTICE, introduite à doses suffisantes dans nos Codes comme dans l'application de nos lois.

Car telle est la signification du mot : *Conciliation* en matière politico-sociale.

Eh bien ! c'est mû par ce même sentiment ; c'est pour nous associer, dans la mesure de nos forces à cet entraînement général des esprits vers le bien public, que nous venons essayer d'apporter un remède efficace à celle de toutes nos misères sociales qu'il nous paraît le plus urgent d'attaquer et de détruire, cure d'autant plus importante à opérer, d'ailleurs, que le mal qui la motive porte la plus grave des atteintes à ce sentiment de *conciliation*, c'est-à-dire *de justice*, dont la France et ses mandataires sont animés !

Nous voulons parler du sort précaire, misérable fait aux travailleurs par l'étranglement de la Révolution de 1789, ou, si on le préfère, par les entraves que le retour de la monarchie a apportées au développement pacifique, régulier et logique, des principes proclamés par cette Révolution.

Car cette situation du travail ne gît pas uniquement, comme quelques-uns se sont plus à le propager, dans *l'impossibilité constante* de sa solution, mais bien et surtout, comme nous venons de le dire, dans le retour de la monarchie, qui, pour ressaisir le pouvoir et s'y maintenir, après 1789, a dû recourir de plus belle à sa vieille devise : « *Diviser pour régner.* »

Seulement, ne trouvant plus, comme au bon temps, ces germes de division tout semés par la fatalité de la naissance, et d'une culture rendue facile par l'arbitraire des lois, la monarchie dut chercher ailleurs ses moyens de domination. Placée par des événements supérieurs en présence d'une société démocratique, elle mit tous ses soins, toute sa puissance, à jeter et à entretenir un brandon de discorde au sein de cette société, afin de pouvoir l'asservir *en la divisant.*

Ce brandon de discorde, elle le trouva sur le terrain des intérêts matériels, si fertile en rivalités d'égoïsme, et, s'en faisant une arme perfide de domination, elle suscita, entre *le travail* et *le capital*, l'antagonisme fatal dont l'action redoutable devait la frapper elle-même au cœur, après avoir fait couler bien des larmes de sang à la France.

En effet, nous savons les tristes résultats de cette tactique, plus imprudente qu'habile : l'agitation constante et la chute dè tous les pouvoirs qui y ont eu recours, et, pour la France, cette longue période de troubles et de révolutions, aboutissant à la plus désastreuse défaite qu'une nation ait jamais subie.

Aussi, après tant d'épreuves terribles, la démocratie a-t-elle compris enfin qu'on l'avait trompée; après trois quarts de siècle d'aveuglement, elle a enfin ouvert les yeux à l'évidence et vu aussitôt la cause et les dangers de sa désunion. Elle n'a plus, dès lors, prêté qu'une attention distraite aux séductions des partis déchus, leur répondant tantôt : *oui*, tantôt : *non*, favorisant et déjouant ainsi leurs projets, jusqu'à ce qu'enfin, comprenant que son salut et son gouvernement étaient dans ses mains, elle votât pour la République, gouvernement de la conciliation démocratique.

De là cet amour de la conciliation qui s'est emparé des esprits et des cœurs indépendants, et les a poussés dans la voie des concessions mutuelles, en vue du bien public et de la régénération de la patrie.

Mais si l'union fait la force des démocraties, n'oublions pas que, pour être féconde, elle doit se produire aussi bien en matière *sociale* qu'en matière *politique*. Et, en effet, que deviendrait cette union et que réaliserait-elle si, reléguée sur un seul de ces terrains, elle demeurait exclue de l'autre ? Ne voit-on pas que, ne pouvant être effective, elle ne serait jamais que factice, et que, dès lors, l'édifice auquel elle servirait de base incomplète, tremblant et chancelant à son tour, croulerait tôt ou tard, en précipitant la démocratie et la nation dans un inextricable chaos ?

Mais à quoi bon prévoir une pareille catastrophe quand le plus grand nombre est d'accord à la vouloir éviter ?

Rendons plutôt hommage à ceux de nos hommes d'État qui, dès la première heure, se sont faits les champions ardents de l'idée conciliatrice et républicaine, et comptons encore sur leurs efforts pour en poursuivre l'application féconde ; car c'est par l'application loyale de cette grande idée que la France assurera à ses institutions une stabilité si vainement promise par la monarchie, et sans laquelle la régénération de la France resterait une espérance vaine.

Mais comment cette conciliation indispensable, si heureusement accomplie déjà sur le terrain *politique*, pourra-t-elle s'obtenir sur le terrain des intérêts matériels ? Comment pourra se cimenter l'union de ces deux forces depuis si longtemps en rivalité : *le travail et le capital ?* Comment pourra-t-on faire que telle mesure favorable à l'un ne porte aucun préjudice à l'autre ? C'est ce que nous allons essayer d'exposer, en appelant sur notre tentative ce même esprit de conciliation dont nous venons d'apprécier la souveraine influence, et qui saura, nous n'en doutons pas, achever ainsi sa grande œuvre de régénération nationale.

UNE SOLUTION URGENTE

S'il était exact, comme paraissait le croire l'école de M. Guizot, que la Révolution de 1789 n'ait eu pour but que d'assurer à la France : « *l'unité de lois et l'égalité de droits*, » nous devrions nous déclarer satisfaits de ce qui vient d'être accompli, et borner uniquement nos efforts à obtenir des réformes exclusivement *politiques*, en prenant pour devise sociale cette maxime de l'égoïsme : Chacun pour soi et Dieu pour tous !

Mais cette Révolution avait, on le sait, une mission toute autre : celle d'améliorer le sort de l'humanité, en la conviant, sous l'égide protectrice de la Liberté et de l'Egalité civiques, à unir ses efforts, afin que chacun de ses membres trouvât dans cette union même, en échange de sa particiption, mesurée à ses moyens d'action, une rémunération relative à ces moyens, mais capable de lui assurer un abri suffisant contre l'adversité.

De là, la raison et le besoin des sociétés organisées d'après le principe *démocratique*, comme conséquence logique de : *l'unité de lois et de l'égalité de droits*, proclamées par la Révolution.

Et si la Révolution fut impuissante à organiser aussitôt cette société nouvelle, c'est qu'elle se trouva en présence de difficultés dont la solution exigeait la création d'une force, à l'aide de laquelle tant d'autres obstacles de même nature allaient être surmontés : cette force c'était le *crédit public*, qu'allait enfanter la diffusion de la fortune.

En effet, s'il avait suffi à la Révolution d'inscrire les

Droits de l'Homme dans notre Code, pour faire d'un serf
un citoyen libre; si, par le droit de propriété étendu à
tous, elle avait assuré, enfin, au paysan ce droit « *naturel* »
— comme le qualifiait cyniquement Louis le Gros dans
une charte fameuse — de posséder une terre qu'il ne
pouvait, auparavant, qu'arroser de ses sueurs et de son
sang, sans la posséder jamais; si la Révolution avait mé-
tamorphosé ainsi *Jacques Bonhomme* en *conservateur* à
outrance, elle se sentit impuissante en face du redoutable
problème que faisait naître l'émancipation du Travail et
du Capital, parce que, nous le répétons, elle était privée,
pour le résoudre, du seul moyen efficace, que le développement de la société démocratique allait faire éclore.

Sans doute, il est très fâcheux qu'il en ait été ainsi à
l'origine, car, depuis lors et par ce crédit même, il s'est
constitué des intérêts puissants et inviolables — *des droits
de propriété* — qui constituent aujourd'hui autant d'obstacles insurmontables à la solution *d'origine*, laquelle
eût consisté dans l'association contractuelle du travail et
du capital, en vue de la participation de chacun d'eux
aux charges et aux bénéfices des entreprises.

Car cette solution eût empêché le capital individuel ou
spéculateur de s'emparer de l'outillage industriel, et de
réduire, ainsi, l'intelligence et la main-d'œuvre à n'être
que les instruments sacrifiés de son seul intérêt.

Mais si cette situation a rendu le problème *d'origine*
insoluble, si le long et fatal antagonisme suscité par la
monarchie entre le travail et le capital en a hérissé de
difficultés les rapports, est-ce à dire, pour cela, qu'il
faille laisser se perpétuer à l'infini les misères sociales
qui en sont la conséquence, et dont la France est agitée
depuis trois quarts de siècle? Quoi! au lieu de trouver
dans ces difficultés et dans ces maux autant de raisons de
plus pour chercher, chercher toujours et chercher encore
à en sortir, on devrait se résigner à en subir les funestes
effets, à se satisfaire de palliatifs comme par le passé, et
conclure, comme vient de le faire un rapport récent sur

la question (1) : qu'il n'y a plus rien à faire! Gardons-
nous bien de suivre ce conseil intéressé, car cette situation est trop grave et trop funeste à la démocratie et à la
France pour être ainsi délaissée par elles.

Comme l'a écrit M. Charles de Rémusat (2) : « *Il faut
ici une solution constante qui ne se lasse et ne se cache
jamais.* »

Mais quelle autorité pourrait-on accorder à un rapport
qui, après avoir constaté des faits tels que ceux-ci, par
exemple : « Aujourd'hui, nous aimons à le reconnaître,
une famille rangée, économe, laborieuse, *lorsque ses membres sont bien portants et que le travail ne manque pas,*
peut suffire à tous ses besoins, *mais dès qu'une de ces
conditions n'est pas remplie, les privations commencent,*
et si l'économie des jours heureux n'a pas conservé une
réserve pour les temps moins propices, LA DÉTRESSE SE
FAIT BIENTÔT SENTIR, » qui, après ces constatations, di-
sons-nous, en arrive à cette conclusion au moins étrange :
« *Vous le voyez, Messieurs, sur toute la partie de l'enquête
confiée à notre examen, nous n'avons pas à proposer à
l'Assemblée de mesures nouvelles?* »

Par quel renversement des lois de la logique une telle
conclusion a-t-elle pu sortir de pareilles prémisses? C'est
ce que nous ne nous chargerons pas d'expliquer, préfé-
rant plutôt chercher le remède à opposer aux souffrances
que ce rapport n'a pu se dispenser de constater et qui
consistent, nous dit-il, dans ces deux fléaux : *la maladie*
et *le manque de travail,* c'est-à-dire deux éventualités
malheureusement trop fréquentes pour le travailleur,
dont elles viennent périodiquement et tour à tour absorber l'épargne, et dont la persistance le plonge, lui et
sa famille, dans la plus affreuse adversité.

Cette lutte que l'ouvrier doit soutenir jusqu'à la der-

---

(1) Rapport sur les classes ouvrières (*Officiel* du 14 août
1875).

(2) *Revue des Deux-Mondes,* année 1866.

nière heure de sa vie constitue pour lui et les siens une véritable roue de douleurs qui les broie, entre ses dents impitoyables, du berceau à la tombe.

Arracher les travailleurs à cette destinée fatale, en leur donnant les moyens de faire face à *la maladie et au manque de travail*, SANS ABSORBER LEUR ÉPARGNE, tel est donc le problème actuel et urgent à résoudre, et dont la solution préparera et amènera petit à petit, comme on va le voir, celle du problème *d'origine*.

Mais comment ces premiers bienfaits seront-ils obtenus? Nous ne varierons pas de moyen : toujours par l'application du crédit public au travail; car dans ce crédit, nous le répétons, gît le salut pour tout ce qui travaille et produit. Seulement, il faut donner à ce crédit les garanties qu'il réclame.

En effet, pourquoi le propriétaire d'un champ ou d'un immeuble trouve-t-il à emprunter quand la ruine le menace? C'est parce qu'il possède, dans ce champ ou cet immeuble, *une garantie* à offrir contre l'argent qu'il emprunte, et qui lui permet d'attendre des temps meilleurs sans être obligé de vendre son bien, et de l'absorber, peut-être, si les épreuves se prolongeaient.

De là ces institutions de crédit si favorables à la propriété.

Eh bien! pourquoi le travail est-il privé de ce secours? Pourquoi se voit-il obligé, aux jours d'épreuves, à absorber les épargnes indispensables à la sécurité de ses vieux jours? Et, enfin, pourquoi demeure-t-il sans recours lorsque l'épargne étant absorbée, avant la fin de la maladie ou de la reprise du travail, il se voit étreint par une misère d'autant plus sombre, d'autant plus poignante, que les charges de la famille sont plus lourdes? Ah! c'est qu'il lui manque cette garantie que réclame le crédit, et qu'alors le crédit, non-seulement ne vient pas à lui, mais encore s'en éloigne et le repousse, s'il ose s'en approcher.

En effet, quelle garantie de solvabilité peut offrir un ouvrier? Celle du produit de son travail à venir? Et s'il devient infirme, et s'il meurt, que devient cette garantie?...

Mais en serait-il de même si, au lieu d'agir *individuellement*, les ouvriers agissaient *collectivement*, à l'aide de *l'association corporative et départementale?* C'est ce que nous allons examiner.

Si un ouvrier, agissant isolément, n'offre aucune garantie sérieuse de solvabilité, ne paraît-il pas évident qu'il n'en sera plus de même lorsque toute sa corporation sera devenue solidaire de l'emprunt? — car les membres de toute une corporation départementale ne sont pas empêchés ou ne meurent pas à la fois! — Et cette garantie corporative n'atteindra-t-elle pas alors ce haut degré de sécurité que réclame le crédit?

Eh bien! s'il en est ainsi, que doivent faire nos législateurs pour réaliser le progrès que nous proposons?

En premier lieu, favoriser l'extension de l'organisation syndicale des ouvriers, en délivrant les droits de réunion et d'association des entraves qui en gênent le libre exercice.

Ensuite, rechercher les moyens d'instituer une caisse de crédit au travail, à l'instar de celles qui fonctionnent si utilement pour le Crédit foncier et le Crédit mobilier.

Mais ici se pose cette question:

Qui sera le banquier du travail? L'initiative privée ou l'Etat?

Et la question n'est pas sans causer quelque embarras, lorsqu'on connaît les répugnances des travailleurs pour l'intervention de l'Etat dans leur destinée.

Comme tous ceux qui ont été longtemps et injustement opprimés, ils possèdent cette noble illusion de vouloir être les seuls artisans de leur rédemption. Certes, ce sentiment les honore autant qu'il nous touche, mais il est des situations, dans la vie des individus comme dans celles des peuples, sous lesquelles la volonté la plus opiniâtre et la plus noble succombe, s'il lui manque le point d'appui que réclame son triomphe.

N'avait-on pas dit aussi de l'Italie :

« *Se fara da se.* »

Eh bien!. nous l'avons vue forcée de chercher, en dehors de son sein, les auxiliaires de sa délivrance. Ceci prouve qu'il est des alliances qu'il faut savoir subir.

Au surplus, cette répugnance des travailleurs pour l'intervention de l'Etat ne naît-elle pas d'un souvenir du passé, d'un temps,—heureusement sans retour,—où l'Etat se personnifiait dans un despote, au mépris du reste de la nation? Accepter de l'Etat alors pouvait sembler dégradant; mais en peut-il être ainsi dans une démocratie et sous le gouvernement de la République, où l'Etat signifie l'universalité des citoyens? Nous ne le pensons pas.

Ecoutons, du reste, ce que disait naguère, à ce sujet, un philosophe et un historien, dont personne, croyons-nous, ne contestera l'autorité en pareille matière :

Nous voulons parler de Louis Blanc.

Il disait :

« *Oh! certes, quand l'Etat est un pouvoir extérieur, su-*
« *perposé à la société, quand il s'appelle Louis XIV, il est*
« *à désirer qu'il fasse le moins possible, et le mieux serait*
« *qu'il ne fît rien. Mais, dans une Démocratie, l'Etat, c'est*
« *tout le monde, prenant souci de tout ce qui est l'affaire de*
« *tout le monde :* C'EST LA SOCIÉTÉ S'OCCUPANT D'ELLE-
« MÊME *par les hommes qu'elle charge de formuler en lois*
« *ses besoins et ses volontés.*

« *Que l'intervention de l'Etat même alors puisse être*
« *abusive, sans doute, et elle l'est toutes les fois qu'elle a*
« *pour but et pour résultat de gêner le développement des*
« *facultés individuelles,* MAIS TOUTES LES FOIS, AU CON-
« TRAIRE, QU'ELLE Y AIDE OU ÉCARTE CE QUI Y FAIT
« OBSTACLE, ELLE EST UN BIEN. »

Eh bien! dans la question qui nous occupe, quelle sera l'influence de l'intervention de l'Etat? Précisément :

« *D'aider à la solution, en écartant ce qui y fait obs-*
« *tacle.* »

Donc, elle sera un bien ; car l'obstacle, on le sait, consiste dans l'hésitation, sinon dans le mauvais vouloir de l'initiative privée, à fonder une institution de crédit, dont le but ne compense pas assez, à mes yeux, les résultats financiers.

Par ces motifs, l'Etat nous paraît le seul apte à assurer cette importante institution, au service de laquelle il possède déjà, dans chaque chef-lieu de département, où elle doit s'étendre, un personnel financier dévoué et tout disposé à concourir, par cet accroissement de travail, à la grandeur et à la prospérité de la France.

Dans ce cas, la Caisse de crédit au travail serait constituée au moyen d'un emprunt d'Etat, propice aux petits placements, de façon à y attirer les épargnes du travail.

Afin de perpétuer le but élevé de cet emprunt, chaque titre porterait en tête cette mention :

EMPRUNT POUR LA RÉGÉNÉRATION NATIONALE

Nous allons indiquer maintenant le fonctionnement de cette institution de crédit en vue de ses rapports avec le travail corporatif et départemental. Comme rien ne vaut, à notre sens, la réduction à l'unité pour démontrer clairement et succinctement le fonctionnement d'un système complexe, c'est la méthode que nous allons employer dans notre exemple.

Prenons donc, si l'on veut, la corporation des maçons tailleurs de pierres, la plus nombreuse de toutes, et celle dont le travail réunit, peut-être, le plus de dangers et le plus d'incertitudes, et restons dans le département de la Seine, puisque nous y sommes.

Cette corporation étant organisée en Société mutuelle, comme nous l'avons dit, possède une caisse alimentée par un versement mensuel imposé à chaque sociétaire, dans le but de servir à ceux que la maladie, un accident ou le manque de travail, ont atteint, une paye quotidienne destinée à les dispenser d'avoir recours aux épargnes de la vieillesse.

Mais supposons que le chômage s'étende et se prolonge, que la Caisse corporative, cessant d'être alimentée, s'épuise et ne puisse plus rien pour venir en aide aux associés, que fera alors la Chambre syndicale? Elle réunira le Conseil d'administration, lui exposera la situation, en lui proposant de recourir à un emprunt, dont il aura à discuter et à voter la quotité.

Ces formalités accomplies, le syndic se rendra à la Caisse de crédit au travail et y contractera l'emprunt voté, et la paye quotidienne sera continuée à chaque associé sans qu'il ait eu besoin d'ébrécher ou de détruire son petit pécule, qui, mis ainsi à l'abri des incertitudes de son existence professionnelle, fera naître en lui des idées d'économie, d'ordre et de conservation, et l'attachera à une société dans le sein de laquelle il se sentira désormais un appui et aussi un intérêt à défendre et à perpétuer. En un mot, comme le paysan, l'ouvrier sera devenu, à son tour, *conservateur*.

Là ne se borneront pas les causes d'emprunt.

Qu'une adjudication de travaux de maçonnerie se produise, par exemple; eh bien, la corporation départementale pourra, grâce à un emprunt, fournir le cautionnement exigé des concurrents, devenir adjudicataire et s'approprier, ainsi, des bénéfices que la spéculation absorbe actuellement, en grande partie, au détriment du *travail*.

On voit, par ce simple et succinct exposé, quels immenses et bienfaisants résultats sont attachés à l'institution que nous proposons.

Eh bien, il suffira, on le comprend, d'étendre cet exemple restreint à toutes les corporations et à tous les départements, pour se rendre un compte exact du fonctionnement général de cette institution de crédit.

Mais, va-t-on nous objecter, comment les corporations ouvrières se libéreront-elles de leurs emprunts respectifs? Nous répondrons : En augmentant, au prorata de leurs engagements, le taux de la cotisation mensuelle de leurs membres, et ensuite sur les bénéfices résultant des travaux dont ils auront obtenu l'adjudication.

Cette obligation, du reste, créera une immense émulation entre les corporations, chacune tenant à honneur d'être moins endettée que les autres ; émulation d'amour-propre de corporation à corporation similaire, et d'état à état qui, ajoutée à l'intérêt individuel, stimulera l'ouvrier au travail et assurera, à elle seule, l'exactitude des opérations financières, comme elle saura susciter, dans les statuts corporatifs, les mesures propres à garantir l'intérêt de tous de l'esprit de parasitisme, dont l'action lui serait si fatale.

Résultats de l'Institution au triple point de vue social économique et national.

Social. — Suppression des causes qui divisent actuellement les patrons et les ouvriers, par la raison que les patrons auraient à traiter désormais, pour toute dissidence, non plus avec les ouvriers, mais avec leurs Chambres syndicales corporatives.

Cette réforme, ajoutée à la continuité d'un salaire, supprimerait les grèves, si préjudiciables aux ouvriers d'abord, dont elles augmentent les souffrances de toute espèce, et ensuite aux affaires du petit commerce, dont la prospérité est si intimement liée à celle du travail, et enfin à la sécurité publique, par la crainte, tant de fois justifiée, de voir les partis politiques faire de ces désordres les instruments de leurs rivalités et de leur ambition.

Economique. — Comme nous venons de le dire, l'amélioration du sort des travailleurs, en favorisant puissamment le petit commerce et les industries de ménage, créerait une augmentation assurée et croissante des revenus de l'Etat ; et cette prospérité serait portée à son comble si nos législateurs, se rendant enfin aux sollicitations de la justice, adoptaient le principe de la proportionnalité en matière d'impôts et de patentes.

National. — Enfin, délivrée par tous ces bienfaits des causes de troubles incessants incompatibles avec toute pensée de stabilité et, partant, de prospérité *soutenue*, la nation française pourrait alors poursuivre avec calme et confiance, sous l'égide d'un gouvernement indestructible, la grande œuvre de sa régénération, et reprendre dans le monde, émerveillé de sa puissance, le rôle d'initiatrice des peuples, qui lui appartient. Seulement, cette fois, — et nous l'en féliciterions, — ce serait dans la voie du progrès pacifique qu'elle les convierait à la suivre et à l'égaler.

Notre œuvre est achevée. Dictée par l'amour de la patrie, de l'humanité et de la justice, nous la livrons avec confiance à l'examen de nos législateurs et de nos hommes d'Etat. Qu'ils la modifient ou qu'ils la complètent à leur gré, c'est leur affaire, mais qu'ils n'oublient pas que cette solution, confiée à leur expérience, est de celles qui n'attendent plus!...

Enfin, qu'ils s'inspirent de cette autre parole de M. Charles de Rémusat, par laquelle nous voulons terminer :

« *Eluder ce problème, l'ajourner, le taire, c'est faiblesse. Y penser toujours, en parler souvent, c'est à la fois en prouver et en diminuer la gravité... et apprendre, en même temps à tous, combien il est difficile.* »

Paris, 25 février 1876.

Paris. — Imp. Nouv. (assoc. ouv.), 14, r. des Jeûneurs. — G. Masquin et Cᵉ.